전기의 마법사
니콜라 테슬라

전기의 마법사
니콜라 테슬라

글 이여니 **그림** 권민정
초판 1쇄 발행일 2020년 11월 30일
펴낸이 박봉서 **펴낸곳** (주)크레용하우스 **출판등록** 제5-80호
편집 임은경·이민정 **디자인** 김금순 **마케팅** 이상수·신빛나라
주소 서울 광진구 천호대로 709-9 **전화** (02)3436-1711 **팩스** (02)3436-1410
홈페이지 www.crayonhouse.co.kr **이메일** crayon@crayonhouse.co.kr

ⓒ 2020 이여니
이 책에 실린 글과 그림은 무단 전재 및 무단 복제할 수 없습니다.

ISBN 978-89-5547-719-1 74810

이 도서의 국립중앙도서관 출판시도서목록(CIP)은 서지정보유통지원시스템 홈페이지(http://seoji.nl.go.kr)와
국가자료공동목록시스템(http://www.nl.go.kr/kolisnet)에서 이용하실 수 있습니다.(CIP제어번호: CIP2020047563)

전기의 마법사
니콜라 테슬라

이여니 글 권민정 그림

크레용하우스

작가의 말

　친구들은 '테슬라' 하면 무엇이 떠오르나요? 텔레비전에서 광고하는 전기 자동차가 떠오른다고요? 맞아요, 테슬라는 우리가 광고에서 자주 볼 수 있는 전기 자동차 회사 이름이에요!
　전기 자동차 회사의 이름을 왜 테슬라로 지었을까 궁금하지 않았나요? '테슬라'라는 이름은 발명가이자 물리학자인 '니콜라 테슬라'의 업적을 기리기 위해 지었다고 해요.
　미국의 주간지인 '라이프 매거진'은 20세기 가장 영향력 있는 100명 중 한 사람으로 니콜라 테슬라를 뽑았고, 크로아티아는 테슬라 탄생 150주년을 맞아 2006년을 '니콜라 테슬라의 해'로 정했어요. 세르비아는 2006년 3월 베오그라드 국제공항 이름을 '테슬라 공항'으로 바꿨을 정도로 테슬라를 기억하고자 했어요.
　에디슨의 라이벌이자 20세기 최고의 과학자라 불리는 테슬라를 기억하고자 했던 이유는 무엇이었을까요? 100년이나 시대를 앞서간 천재성 때문이었을까요?

테슬라는 뛰어난 천재성이나 수많은 발명품보다 더 빛나는 가치관을 가지고 있었어요. 그것은 바로 나누고자 하는 마음이에요. 비록 병적인 공포증과 강박 관념으로 인해 사람들로부터 좋지 않은 시선을 받기도 하고 끊임없는 발명에 대한 열정으로 괴짜라는 별명도 붙었지만, 테슬라는 모든 사람이 언제 어디서나 편안하고 공평하게 에너지를 쓰기 원했어요. 부자가 되는 것보다 자신이 만든 발명품으로 굶주림과 고통이 없는 세상, 전쟁이 없는 세상을 만들고 싶어 했어요.

이렇게 따뜻한 마음을 가진 테슬라가 보여 주는 마법은 어떤 것들일지 궁금하지 않나요? 테슬라의 마법 속으로 천천히 들어가 봐요!

따뜻한 마음을 나누고픈
이어니

| 차례 |

마법사의 요란한 탄생	8
발명을 시작한 마법사	12
머릿속으로 그려지는 마법 같은 일	23
교류에 빠지다	32
두 천재의 불꽃 튀는 전류 전쟁	49

인공 번개를 만들다 60

시대를 앞서간 무선 에너지 68

발명을 멈추지 않는다 84

니콜라 테슬라의 생애 91

마법사의 요란한 탄생

테슬라의 출생

"우르르 쾅! 우르르 쾅쾅!"

1856년 7월, 크로아티아의 작은 시골 마을 스밀리안에 거센 폭풍우가 들이닥쳤어요. 전기 하나 없는 깜깜한 밤거리를 거센 비바람만이 휩쓸고 다녔지요. 마을 사람들은 창문을 꼭꼭 걸어 잠그고 폭풍우가 지나가기만을 기다렸어요.

그 시각 밀루틴은 초조하게 집 안을 서성였어요. 방

안에서는 간간이 아내 조지나의 신음 소리가 들렸어요. 밀루틴은 조지나가 넷째 아이를 건강하게 낳기를 두 손 모아 기도했어요.

"콰과과광!"

그때였어요. 커다란 천둥소리와 함께 거대한 번개가 하늘을 갈랐어요.

"으아아아앙!"

전기의 마법사 니콜라 테슬라가 태어나는 순간이었어요.

밀루틴은 신부였어요. 여러 나라의 책을 읽고 여러 나라의 말을 하고 시를 좋아하는 아버지였어요. 조지나는 학교에 다녀 본 적이 없지만 기억력이 매우 뛰어나 시와 성경 구절을 줄줄이 외웠어요. 집 안에 필요한 도구를 뚝딱 만들어 내고, 누구나 탐낼 만한 멋진 옷을 만들어 아이들에게 입혔어요. 또한 아침부터 밤까지 쉬

지 않고 밭일과 집안일을 해내는 슈퍼우먼이었어요.

 그런 아버지와 어머니를 반반씩 닮은 테슬라는 어떤 아이였을까요? 테슬라는 수줍음이 많았지만 그 수줍음 속에 호기심과 상상력을 가득 품고 있는 아이였어요. 여느 아이처럼 장난치기 좋아하고 엉뚱한 면이 많은 아이이기도 했지요.

발명을 시작한 마법사

천재 소년

테슬라의 꼬물거리던 호기심과 상상력은 다섯 살 때부터 천천히 밖으로 나오기 시작했어요.

"아버지, 이것 보세요."

테슬라의 손에는 작은 물레방아가 있었어요. 그 물레방아는 여태껏 보던 물레방아와는 전혀 다른 것이었어요. 흔히 보던 물레방아와는 다르게 날개가 없어 밋밋했지만 물의 흐름에 따라 부드럽게 돌아갔어요.

"테슬라, 이걸 네가 만들었단 말이냐?"

너무 놀란 아버지는 입이 다물어지지 않았어요. 훗날 이 작은 물레방아는 테슬라가 날개 없는 터빈을 만드는 시초가 되었지요.

한 번은 테슬라가 나이아가라 폭포에 대한 책에 푹 빠졌을 때였어요. 책을 읽은 후에 머릿속에 나이아가라 폭포를 이용해 움직이는 거대한 물레방아가 번뜩 떠올랐어요.

테슬라는 자신감에 찬 목소리로 말했어요.

"삼촌, 저는 언젠가 미국으로 건너가 나이아가라 폭포에 물레방아를 만들 거예요."

"뭐라고? 그건 정말 마법 같은 일이겠구나!"

삼촌은 어이가 없어 껄껄 웃었어요.

그때 삼촌은 알고 있었을까요? 테슬라가 한 말이 실제로 이루어질 거라는 것을 말이죠.

엉뚱한 장난꾸러기

하루는 날아가는 풍뎅이를 보고 좋은 생각이 떠올라 풍뎅이 여러 마리를 잡았어요.

"바로 그거야!"

풍뎅이는 여름날 무리 지어 날아다니며 나뭇가지를 부러뜨리는 등 문제를 일으켰어요. 테슬라는 가느다란 막대 주위로 풍뎅이들을 십자형으로 붙여 막대가 회전하도록 만들었어요. 풍뎅이들이 날자 막대가 돌기 시작했어요.

그런데 그때 한 아이가 지나가던 발걸음을 멈추고 기웃거렸어요.

"여기서 뭐 해?"

"풍뎅이로 움직이는 장치를 만들고 있어."

테슬라가 실험에 대해 설명하려고 일어섰어요. 아이는 실실 웃으며 입맛을 쩝쩝 다셨어요. 그러고는 말릴

틈도 없이 풍뎅이를 입에 넣어 모조리 먹어 치워 버렸어요. 입을 오물거리며 풍뎅이를 씹는 모습에 테슬라는 속이 메스꺼워 소리를 지르며 뛰어갔어요. 그리고 다시는 곤충을 이용한 발명을 하지 않았어요.

또 하루는 이런 일도 있었어요.

"테슬라 어서 내려오지 못해, 그러다 다칠라!"

우산을 들고 지붕 위에 올라가 있는 테슬라를 어머니는 위태롭게 바라보았어요.

"어머니, 저도 새처럼 날 수 있어요."

테슬라는 바람이 불어오기만을 기다렸어요. 드디어 바람이 불자 우산을 활짝 펴고 망설임 없이 자리를 박차고 붕 떠올랐어요.

"으아아아악!"

지붕에서 바닥으로 곤두박질친 테슬라는 정신을 잃었어요. 눈을 떴을 땐 침대 위였어요.

그 이후로도 테슬라는 죽을 고비를 여러 번 넘겨야 했어요. 물에 빠져 죽을 뻔했고, 뜨거운 우유 통에 들어가 산 채로 익을 뻔했고, 공동묘지에서 밤을 새다가 묻힐 뻔한 아슬아슬한 순간들이 많았어요.

꼬마 영웅

테슬라가 살고 있는 마을엔 으리으리한 집에 사는 부인이 있었어요. 그 부인은 잘난 체하기 좋아했고 곧잘 남을 업신여기곤 했어요.

부인은 일요일마다 풍성한 드레스를 입고 하인들과 함께 아버지가 신부로 있는 교회에 왔어요. 머리 장식은 화려했고, 드레스가 길어 바닥에 질질 끌리는 바람에 하인들이 바쁘게 움직여야 했지요. 마을 사람들은 부인 앞에서 대놓고 흉보지 않았지만 뒤에서 수군거렸어요.

그날도 영락없이 부인은 나풀거리는 드레스를 입고 나타났어요. 때마침 종을 치고 계단을 내려오던 테슬라는 좋은 생각이 나서 피식 웃었어요. 부인을 놀려 줄 생각이었죠.

계단 아래로 부인이 지나갈 때였어요. 테슬라는 이때다 싶어 계단에서 드레스 위로 정확히 뛰어내렸어요. 뿍! 소리와 함께 드레스는 처참하게 찢어져 버렸고 부인은 고래고래 소리를 질렀지요.

"으아아악, 내 드레스!"

교회에서 뛰어나온 아버지의 얼굴이 빨갛다 못해 잿빛으로 변했어요.

"테슬라, 이 녀석!"

테슬라는 태어나 처음으로 아버지에게 눈물이 쏙 빠지도록 혼쭐났어요. 그날의 기억은 테슬라의 마음에 오래도록 남았어요. 마을 사람들도 엉뚱한 장난을 치는

테슬라를 좋아하지 않게 되었어요.

"신부의 아들이 저리 천방지축이라니, 쯧쯧."

"테슬라는 장난이 너무 지나치단 말이야."

마을 사람들이 테슬라의 행동을 두고 손가락질하자 테슬라는 어깨가 축 처졌어요. 마을 사람들이 모여 있으면 일부러 피해 다닐 정도였어요.

그러던 어느 날, 테슬라에게 마을 사람들의 마음을 돌려놓을 기회가 우연히 찾아왔어요.

마을에 소방대를 창설해 새로 들여온 소방 펌프를 시연하는 작은 행사가 열렸어요. 마을은 시끌벅적했어요. 테슬라도 마을 사람들 눈치를 보면서 구경하고 있었어요.

분위기가 익어 갈 무렵, 사람들이 눈 빠지게 기다리는 순서가 있었어요. 마지막 순서인 소방 펌프 시연이었어요. 소방 호스에서 시원하게 물이 뿜어져 나오길 모두 기다렸어요. 그런데 한참을 기다려도 소방 호스는 조용했어요. 당황한 마을 사람들은 서로의 얼굴을 바라봤어요.

"대체 뭐가 문제지?"

다들 원인을 알 수 없어 난처해했어요.

'무엇이 문제일까?'

곰곰이 생각하던 테슬라는 쏜살같이 강가로 달려갔어요. 테슬라의 생각은 적중했어요. 물속에 잠긴 소방 호스가 배배 꼬여 있었거든요. 꼬인 호스를 풀자 물이 콸콸 소리를 내며 쏟아져 나왔어요.

마을 사람들은 돌아온 테슬라를 향해 함박웃음을 지으며 외쳤어요.

"테슬라 만세! 만세!"

꼬마 영웅이 된 테슬라는 멋쩍어 머리를 긁적였어요.

머릿속으로 그려지는 마법 같은 일

머릿속 불꽃이 파박!

테슬라는 새로운 발명과 엉뚱한 장난 속에서 매일매일 즐거웠어요. 그러나 즐거움은 오래가지 못했어요. 형, 다니엘의 죽음 때문이었죠.

다니엘은 테슬라가 닮고 싶은 형이었어요. 다섯 나라의 말을 하고 시를 줄줄 외우며 수학적인 능력도 뛰어난 테슬라보다 더 똑똑했다니 얼마나 똑똑했는지 상상이 가나요?

다니엘은 열두 살 때, 아버지 친구가 선물한 말을 타다 끔찍한 사고를 당했어요. 그 사고로 다니엘이 목숨을 잃자 가족들은 깊은 슬픔에 빠졌어요. 눈앞에서 형의 사고를 목격한 일곱 살의 테슬라는 그 누구보다도 큰 충격을 받았어요.

"형이 죽은 건 다 내 책임이야, 흑흑."

형의 죽음은 테슬라에게 이상한 현상을 만들어 냈어

요. 뭔가에 빠져 흥분 상태가 되면 머릿속에서 파바박! 불꽃이 일면서 번쩍번쩍거리는 특이한 고통이었어요. 그러면서 여러 가지 환상을 보게 되었어요. 머리가 터질 듯한 견디기 힘든 고통은 죽을 때까지 테슬라를 따라다녔어요.

하지만 테슬라는 고통에 굴복하지 않았어요. 끔찍한 고통을 이겨 내면서 새로운 능력을 가지게 되었다고나 할까요? 테슬라는 어떤 것이든 머릿속으로 쓱쓱 그림을 그릴 수 있었어요. 예를 들면 어떤 장치를 개발하기 위해서 디자인이나 실험을 할 필요가 없었어요. 모든 연구와 개발은 테슬라의 머릿속에서 다 이루어졌어요. 믿을 수 없는 마법 같은 일이었어요.

테슬라에게 나타난 또 다른 증상은 병적인 공포증과 강박 관념이었어요. 식사를 할 때 숟가락이 반짝이도록 닦아야 했고, 손수건은 하얀 비단으로 만든 것을 써야 마음이 편안했어요. 스프와 커피, 음식을 먹을 땐 부피를 계산해야 비로소 먹을 수 있었어요. 테슬라는 숫자 3과 비둘기를 집착적으로 좋아했어요. 그런 증상은 어른이 되어서도 쭉 이어졌지요.

"난 반짝이는 크리스털이나 날카롭게 각진 보석류를 보면 흥미로워. 하지만 진주는 정말 딱 질색이야."

특히 테슬라는 다른 사람들과의 신체 접촉을 꺼렸어요. 총을 겨누지 않는 이상 다른 사람의 머리카락을 만질 일은 절대 없을 거라고 말할 정도였어요.

테슬라의 아리송한 마법

나라와 나라 사이에 빠르게 편지를 주고받을 수는 없을까? 바닷속에 기다란 관을 설치하고 수압에 견디는 공 모양의 통에 편지를 넣어 운반하려고 계획했어요. 관 속에 물을 밀어넣는 펌프까지 구상했으나 테슬라 개인적으로 할 수 있는 발명이 아니라고 판단해 그만두었답니다.

거짓말처럼 이겨 낸 콜레라

테슬라는 열 살이 되던 해 김나지움(유럽의 중등 교육 기관)에 입학하게 되었어요. 수학에 뛰어났던 테슬라는 4년 동안 다녀야 할 학교를 3년 만에 졸업했어요. 공부를 계속하고 싶은 마음이 생기기 시작한 것도 이때쯤이었어요.

테슬라의 아버지는 테슬라가 태어났을 때부터 자신을 따라 신부가 되길 바랐어요.

눈을 한번 깜박이는 동안 많은 내용의 글을 외우고, 누구도 생각하지 못한 독창적인 발명품을 만들어 내는 남다른 아이라는 것을 알았지만 신부가 되길 바라는 마음은 버릴 수 없었어요.

그러던 어느 날 아버지의 마음을 돌리는 뜻밖의 일이 일어났어요. 우수한 성적으로 고등학교를 졸업할 무렵 테슬라는 콜레라에 걸려 아홉 달 동안 사경을 헤맸어요. 아버지는 테슬라 옆에서 하루 빨리 낫기를 간절히 기도했어요.

"아…… 아……버지, 소원이 있어요."

"소원?"

테슬라는 파리한 입술로 모든 기운을 모아 입을 열었어요.

"제가 공부를 계속할 수 있도록 허락해 주신다면 기운을 차릴 수 있을 거 같아요."

아버지의 눈이 동그래졌어요. 짧은 한숨이 지나간 후 아버지는 천천히 고개를 끄덕였어요. 테슬라가 살 수만 있다면 더 이상 바랄 게 없었거든요.

거짓말처럼 콜레라를 이겨 낸 테슬라는 오스트리아 그라츠에 있는 폴리테크닉 공과 대학에 장학금을 받고 입학했어요. 공부에 푹 빠진 테슬라는 거의 잠을 자지 않았어요. 새벽 3시부터 밤 11시까지 물리학과 수학,

역학에 매달렸어요. 테슬라는 한번 시작하면 끝을 내야 하는 성격이었어요.

교수들은 너도나도 말렸어요.

"제발 잠 좀 자게!"

테슬라에게 공부와 잠, 둘 중에 하나를 선택하라고 하면 당연히 공부를 선택했을 거예요. 그런 테슬라 앞에 포셀 교수가 나타난 것은 행운이었어요. 물리학을 가르치는 포셀 교수의 수업은 테슬라를 또 다른 세계로 이끌었어요. 전기에 마음을 빼앗겨 버렸죠. 테슬라는 어디에나 눈에 보이지 않는 에너지가 존재한다고 생각했어요. 테슬라의 마음속에 아지랑이처럼 묘한 흥분이 피어났어요.

사람들이 생각하지 못했던 일들을 이루어 나누는 것! 그것은 마법과도 같았어요. 어렸을 때 상상했던 모든 것들을 전기라는 새로운 마법으로 만들어 내고 싶은 마음이 밀물처럼 밀려왔어요. 테슬라가 마법을 부리기 위해 움직이기 시작한 거예요.

테슬라의 아리송한 마법

지구의 회전 에너지를 이용할 수 없을까?
지구의 적도를 따라 자유롭게 떠다니는 거대한 원형 에너지 고리를 상상했어요. 지구는 매일 한 번 자전 운동을 하기 때문에 지구의 회전 에너지에서 동력을 얻는다면 전 세계의 모든 지역에 동력을 공급할 수 있을 거라고 생각했지요. 하지만 그 당시 실현 가능성이 거의 없었어요.

교류에 빠지다

마법의 시작

테슬라가 전기의 마법을 만들기 시작한 첫 발걸음은 우연하게 찾아왔어요.

포셸 교수의 수업을 듣던 중 그람 다이너모라는 기계를 처음 본 테슬라의 눈이 반짝반짝 빛났어요.

그람 다이너모는 발전기와 전동기의 기능을 모두 갖춘 최신 직류 기계였어요. 하지만 그람 다이너모는 돌아가는 동안 전류의 방향을 바꿔 주는 정류자가 불필요한 전기 불꽃을 계속해서 일으킨다는 단점이 있었어요.

"교수님, 전기를 직류에서 교류로 바꾸면 정류자가 필요 없어서 스파크도 생기지 않을 것 같아요."

그람 다이너모, 1871

"직류에 대한 연구만으로도 바쁘다네."

포셸 교수는 테슬라의 말을 무시했어요. 하지만 테슬라는 자신의 생각이 옳다고 믿었어요. 그래서 어떻게 하면 교류 전동기를 만들 수 있을까 궁리에 궁리를 했어요.

그러던 와중에 테슬라는 집안의 경제 사정이 나빠져 학교를 그만두어야 했어요.

 테슬라의 아리송한 마법

그럼 다이너모라고 불리는 직류 전동기에서 발생하는 전기 불꽃은 왜 생기는 걸까? 정류자가 필요 없는 교류 전동기를 만들 수 있을까?

학교를 그만둔 테슬라는 마음이 허전하고 돈을 벌고 싶어 도박에 빠졌어요. 도박은 하면 할수록 빠져나오기 힘들었어요. 짜릿한 즐거움은 테슬라를 쉽게 놓아주지 않았어요. 아버지가 돌아가신 뒤에도 도박의 그물에서 허우적거렸어요. 그런 테슬라를 다그치지 않고 기다려 준 것은 어머니였어요.

"테슬라, 가서 더 즐기고 와. 언젠가는 네가 그만둘 거라는 것을 알고 있단다. 빨리 잃을수록 좋지."

어머니가 건넨 돈뭉치를 보며 테슬라는 무릎을 탁 쳤어요. 그 이후로 도박을 한 번도 하지 않았어요. 자기 의지로 도박의 세계에서 빠져나온 것이죠.

직류와 교류

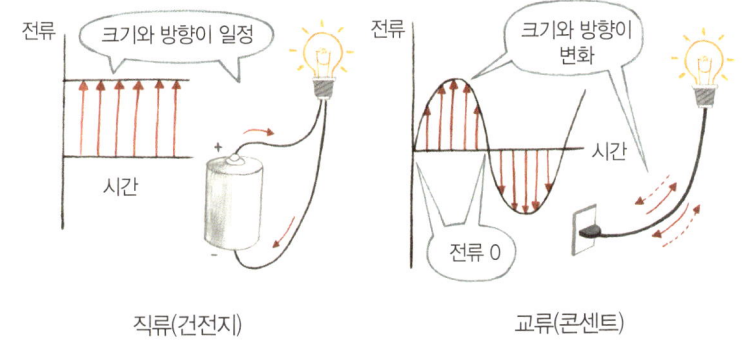

직류(건전지)   교류(콘센트)

전기는 움직이지 않는 정전기와 움직이는 동전기로 나눌 수 있어요. 동전기에는 직류와 교류가 존재해요. 직류는 전류의 세기와 방향이 항상 일정하게 흐르는 전기를 말해요. 양극(+)에서 음극(-)으로 흐르지요. 직류는 전압을 높이거나 낮추기가 어려워 먼 거리까지 전기를 보낼 수 없어요. 그래서 전기를 쓰는 지역 가까운 곳에 발전소를 지어야 했지요.

교류는 시간에 따라 전기가 흐르는 방향과 크기가 일정한 간격으로 변화하며 흐르는 전기를 말해요. 전기를 보낼 때 필요한 만큼 선압을 높이고 내릴 수 있어서 더 저렴하고 편리하게 전기를 보낼 수 있어요. 높은 전압으로 먼 거리까지 전기를 보내고 각 지역에 설치한 전신주의 변압기에서 전압만 전환시켜 안전하게 사용할 수 있지요.

오늘날 우리가 쓰는 대부분의 가전제품은 교류를 이용해요. 하지만 작고 휴대하기 편해야 하는 건전지, 배터리 등에는 직류가 이용된답니다. 직류와 교류는 우리 생활 곳곳에서 두루 쓰이고 있어요.

한 발자국 가까워진 꿈

정신을 차린 테슬라는 헝가리 부다페스트의 전신국에 들어가 일하며 교류에 대한 생각을 점점 키워 나갔어요. 하지만 작은 발자국 소리와 아주 멀리 떨어진 물체의 작은 흔들림도 느낄 수 있을 만큼 청각이 예민해져 고통에 몸부림치는 날들이 많았어요. 이 병원 저 병원을 찾아다녔지만 의사들은 한결같이 고개를 저었어요.

"이런 증상은 처음이에요."

고통을 잊기 위해 친구와 공원을 산책할 때였어요. 괴테의 파우스트를 읊조리며 걷던 테슬라는 걸음을 멈추었어요. 순간 번개에 맞은 것처럼 머릿속에 파바박! 불꽃이 일어났어요.

테슬라는 막대기를 찾아 휘갈기듯 바닥에 그림을 그렸어요. 그러고는 환호성을 질렀어요.

"바로 이거야! 내가 생각하는 전동기 말이야."

이미 테슬라의 머릿속엔 전동기의 세세한 모습이 그려졌고 전동기를 돌려 교류를 전송하는 일까지 모든 것이 한 편의 영화처럼 펼쳐졌어요.

테슬라는 곧바로 생각했던 장치를 만들어 보고 싶어 안달이 났어요. 하지만 돈도 시간도 테슬라의 편이 아니었어요. 언젠가는 꼭 만들어 보리라 다짐하며 이를 악물 수밖에 없었어요.

시간이 흘러 파리로 직장을 옮기게 된 테슬라는 에디슨이 세운 '콘티넨탈 에디슨'에서 일하게 되었어요. 당시 에디슨 회사는 이름이 널리 알려진 세계적인 회사였어요. 테슬라기 맡은 일은 전기 장비를 설계하고 파리와 독일에 있는 발전소를 오가며 문제를 해결하는 일이었어요. 테슬라는 바쁜 와중에도 교류에 대한 생각을 멈추지 않았어요.

당시 콘티넨탈 에디슨은 알자스 스트라스부르 역의

조명 시설 공사를 맡았어요. 모든 공사가 마무리되고 점등식 행사가 열리는 날, 독일 황제 윌리엄 1세가 참석했어요. 그런데 공교롭게도 전기 선로에 합선 사고가 발생하고 말았어요. 하마터면 황제가 죽을 수 있었기 때문에 에디슨 회사는 매우 난처해졌어요.

  담당자였던 찰스 베처러는 급히 테슬라에게 문제를 해결하고 상황을 수습하라고 지시했어요. 테슬라는 설계를 다시하고 구조를 변경해서 보란 듯이 멋지게 일을 해결했어요.

마법의 해결

직류처럼 한쪽으로 일정하게 흐르는 에너지의 방향을 바꾸려면 어떻게 해야 할까 고민하던 테슬라는 회전 자기장을 발견했어요. 회전 자기장은 시간과 함께 방향이 변화하여 일정한 속도로 회전하는 것처럼 보이는 자기장을 말해요.
회전 자기장으로 교류를 유도해 움직이는 전동기를 생각해 낸 것이지요. 테슬라의 교류 유도 전동기로 사람들은 교류를 성공적으로 이용할 수 있게 되었어요.

교류 유도 전동기, 1883

1883년, 마침내 머릿속에 그려 보았던 작은 교류 유도 전동기를 제작한 날, 테슬라는 세상을 다 가진 기분이 들었어요. 보기에는 허술하고 조잡해 보였지만 전기의 새로운 시대를 알리는 기계였으니까요.

"내가 해냈어!"

실험을 통해 교류의 장점을 알게 된 테슬라는 유명인이 된 것처럼 가슴이 쿵쾅거렸어요.

베처러는 테슬라의 뛰어난 능력을 알아보았어요.

"이 편지를 가지고 에디슨을 찾아가 보게."

말로만 듣던 에디슨을 만나다니! 테슬라는 잠시 할 말을 잃었어요.

테슬라는 미국으로 떠나는 배에 몸을 실었어요. 배가 막 떠나려고 할 때 이상함을 느낀 테슬라는 가방을 열어 보았어요. 그런데 가방에 있어야 할 돈과 열차표가 보이지 않았어요. 도둑을 맞은 거예요. 부푼 마음은 한순간에 꺼져 버렸어요. 잠시 망설이던 테슬라는 결심했어요. 그래도 미국으로 떠나기로!

테슬라는 우여곡절 끝에 미국에 도착했어요. 테슬라의 나이 스물여덟 살이었어요.

테슬라와 에디슨의 만남

멋스러운 중절모와 검은 코트는 키가 큰 테슬라를 더 멋져 보이게 했어요. 테슬라는 에디슨의 사무실 문을 두드리기 전에 숨을 깊게 들이마셨다가 내뱉었어요.

그 당시 에디슨은 다양한 사업을 하고 있었어요. 에디슨이 만든 발전소는 고급 주택과 공장, 극장 등에 전기를 공급하고 있었어요. 미국 곳곳에서 전등을 설치해 달라는 주문이 쇄도했지요. 그런 에디슨을 만난다는 것은 테슬라에게 가슴 떨리는 일이었어요. 정식으로 교육을 받지 않았지만 수많은 발명품을 만들어 낸 에디슨은 테슬라의 우상이기도 했어요.

테슬라가 사무실 문을 열고 들어갔을 때 에디슨은 여객선에 설치된 조명이 고장 나 정신이 없었어요. 바둑판무늬 가디건의 단추를 목까지 채우고 구부정한 자세로 일하고 있었지요.

서른두 살의 에디슨과 스물여덟 살 테슬라의 운명적인 만남이었어요.

"무슨 일로 왔나?"

테슬라는 베처러의 편지를 내밀었어요.

> 나는 두 명의 위대한 사람을 알고 있습니다.
> 그중 한 사람은 당신이고
> 다른 한 사람이 바로 이 젊은이입니다!

테슬라는 때를 놓치지 않고 그동안 준비했던 말들을 했어요. 파리와 독일을 오가며 일했고, 앞으로는 직류보다 교류가 더 우세할 거라는 말도 잊지 않았어요. 자신이 만든 교류 유도 전동기에 대한 이야기도 빼놓지 않았어요.

테슬라의 말을 듣던 에디슨은 탁자를 세게 치며 일어섰어요.

"쓸데없는 소리는 그만! 말도 안 되는 소리는 그만하고 조명 설비를 고칠 수 있겠나?"

에디슨은 테슬라에게 관심조차 없었어요. 자기 밑에서 일하는 수많은 사람 중의 한 사람으로 볼 뿐이었어요. 테슬라는 불친절하고 무례한 에디슨에게 실망하고 말았어요.

테슬라는 에디슨이 지시한 대로 조명 설비를 완벽하게 수리했어요. 에디슨이 지시하는 일이라면 어떤 일이든지 깔끔하고 빈틈없이 해냈어요. 어찌나 일에 몰두하는지 주위 사람들은 혀를 내둘렀어요. 테슬라는 불평하지 않고 묵묵하게 일했어요.

에디슨의 미국식 유머?

얼마의 시간이 흐른 후 테슬라는 에디슨이 개발한 발전기를 개선할 수 있는 방안을 제안했어요.

사업에 능통했던 에디슨은 테슬라가 말한 제안에 솔깃했어요.

"자네가 이 일을 성공한다면 보너스로 5만 달러를 주겠네."

에디슨은 웃으며 말을 던졌어요.

테슬라는 쉬지 않고 일했어요. 그 결과 에디슨이 만든 발전기의 성능을 한 단계 높일 수 있는 자동 조절 장치를 설계하게 되었어요.

"성공했어요, 성공했다고요!"

벅찬 마음을 안고 에디슨에게 달려간 테슬라는 5만 달러의 보너스를 언제 줄 것인지 물었어요. 하지만 에디슨은 어깨를 으쓱하며 말했어요.

"이봐, 테슬라. 자넨 아직 미국식 유머를 모르는군."

"미국식 유머라고요?"

화가 난 테슬라의 주먹이 바들바들 떨렸어요. 테슬라는 뒤도 돌아보지 않고 에디슨의 회사를 나왔어요.

쾅! 문 닫는 소리가 어찌나 컸는지 테슬라의 분노가

그대로 느껴졌어요.

회사를 나온 테슬라는 기존의 아크등을 개선해 더 뛰어난 성능으로 개발했어요. 테슬라의 아크등은 특허를 받았고 가로등에 쓰여 거리 곳곳을 밝혔어요. 1887년

4월, 테슬라는 드디어 테슬라 전기 회사를 세웠어요. 그리고 교류 발전기를 만들어 특허를 받았어요.

어느 날, 테슬라에게 뜻밖의 소식이 날아왔어요. 테슬라가 특허를 낸 교류 발전기와 다상 교류 시스템에 관심을 가진 투자자가 찾아온 거예요.

그 사람은 바로 웨스팅하우스 회사를 세운 조지 웨스팅하우스였어요. 웨스팅하우스 회사는 에디슨 회사의 경쟁사였어요. 테슬라의 연구실에 찾아온 웨스팅하우스는 놀라움에 입이 떡 벌어졌어요.

"세상에!"

테슬라는 이미 연구실에서 전압을 단계적으로 조절할 수 있는 변압기를 개발해 실험하고 있었어요. 또한 다른 쪽에서는 교류를 이용해서 전동기를 돌리고 있었어요.

"당장 계약합시다."

테슬라의 능력을 높이 평가한 웨스팅하우스는 계약과 함께 연구실과 연구비를 지원하는 한편, 테슬라의 특허를 모두 사들였어요.

두 천재의 불꽃 튀는 전류 전쟁

빛의 전쟁

테슬라는 웨스팅하우스와의 계약으로 안정적이고 편안한 생활을 하게 되었어요. 그런데 하루하루 연구에 집중하던 테슬라에게 서서히 위기가 찾아왔어요. 직류를 지지하는 에디슨과의 미묘한 싸움이 시작된 거예요.

사업에 능했던 에디슨은 자신이 만들고 발전시켜 온 직류 사업이 교류로 인해 묻혀 버릴까 전전긍긍했어요.

"교류가 직류보다 낫다니! 말도 안 돼!"

그 당시 60개의 에디슨 회사는 미국 곳곳에 세워져 직류를 공급하고 있었어요. 직류는 비싼 구리 전선이 많이 필요하기 때문에 소비자 가까이에서 전력을 생산해야만 했어요. 발전소가 도시와 멀어질수록 돈이 많이 들 수밖에 없었어요.

하지만 교류는 달랐어요. 교류는 변압기를 이용하면 소비자로부터 멀리 떨어진 곳에 발전소를 지어 수백 킬로미터까지 전류를 보낼 수 있었어요. 가볍고 값싼 전선으로도 송전이 가능했고요.

위험을 직감한 에디슨은 교류에 대한 헛소문을 퍼뜨리기 위해 모든 방법을 총동원했어요.

"여러분, 교류는 매우 위험합니다. 그 증거를 보여 주겠어요!"

에디슨은 사람들 앞에서 교류를 이용해 개와 고양이, 나중에는 코끼리까지 감전시키는 동물 실험을 하며 교류의 위험성을 알리려고 했어요.

"감전을 가리키는 말을 뭐라고 하는지 아십니까? 바로 '웨스팅하우징'이라고 합니다."

교류를 감전이나 감전사와 연결시켜 웨스팅하우스가 위험한 교류를 가정에 보내려 한다고 겁을 주었어요. 전압이 가정용으로 낮게 변압된다는 사실은 알리지 않았어요. 에디슨은 직류를 지키기 위해 뭔가에 홀린 듯 쉼 없이 테슬라와 웨스팅하우스에 흠집을 냈어요.

한편 웨스팅하우스는 교류가 위험하지 않다는 사실을 알리기 위해 이리저리 움직였어요.

"교류는 전압을 높여 멀리까지 전기를 보낼 수 있습니다. 그리고 다시 전압을 낮춰 안전하게 사용할 수 있습니다!"

하지만 에디슨을 말리기에는 역부족이었어요. 두 천재의 피할 수 없는 싸움은 한동안 계속되었어요.

전기의 마법사가 나타나다

상황을 지켜보던 테슬라는 이제 나설 때가 됐다고 생각했어요. 테슬라만의 기막힌 쇼를 보여 줄 생각이었어요. 에디슨을 저지할 마지막 승부수였지요.

"교류가 위험하지 않다는 것을 보여 주겠어."

테슬라는 연미복에 흰색 타이를 매고 코르크로 밑창을 댄 구두를 신고 연단에 섰어요. 사람들은 어리둥절했어요.

"뭘 하려는 거야?"

입가에 희미한 미소를 짓던 테슬라의 주위엔 신비스런 분위기마저 감돌았어요. 잠시 후 사람들은 한 번도 본 적 없는 놀라운 실험을 목격하게 되었어요.

테슬라의 한 손에는 전구가 들려 있었어요. 그리고 나머지 한 손으로 수십만 볼트의 전류가 흐르는 전선을 잡았어요. 전선에서 찌르르, 찍찍거리는 소리가 요란

했어요. 사람들은 입을 쩍 벌린 채 숨을 죽이고 지켜봤어요.

눈 깜짝할 사이에 테슬라의 몸을 타고 흐른 전류가 손에 든 전구를 환하게 밝혔어요. 신기하게 테슬라는 멀쩡했어요. 사람들은 믿을 수 없어 두 눈을 비볐어요.

"어떻게 한 거지?"

"마법 같은 일이야!"

"전기의 마술사가 나타났어!"

테슬라의 실험은 신문 1면에 대문짝만 하게 실렸어요. 전기의 마술사라는 이름과 함께 말이에요.

테슬라의 쇼는 교류의 안전성을 입증하기에 충분했어요. 전압이 높아도 전류량을 줄이고 진동수가 큰 전류를 쓰면 안전하기 때문이었어요.

사람들의 관심은 점점 에디슨의 직류에서 테슬라의 교류 쪽으로 기울었어요.

1891년 테슬라는 낮은 전압을 수백만 볼트 이상의 높은 전압으로 바꿔 주는 변압기를 발명했어요. 오늘날에도 라디오와 텔레비전을 비롯해 다양한 전자 장비에 쓰이는 코일로 테슬라의 이름을 따 '테슬라 코일'이라고 불렀어요.

1893년에는 시카고 세계 박람회가 열렸어요. 박람회장에는 25만 개의 전등이 켜질 예정이었어요. 각 전기 회사들은 그 일을 계약하기 위해 갖은 노력을 하기 시작했어요.

에디슨은 전등당 18.5달러에 입찰했고 웨스팅하우스는 4.32달러에 입찰했어요. 당연히 계약을 하게 된 회사는 웨스팅하우스였어요. 웨스팅하우스는 박람회장 내에 테슬라의

시카고 세계 박람회

다상 교류 시스템을 이용한 발전기를 설치했어요.

직류 발전기로는 이런 싼값에 전기 보급이 불가능할 뿐 아니라, 교류 발전기는 먼 곳까지 안전하게 전기를 보낼 수 있다는 것을 실제로 보여 줌으로써 세계 박람회의 승자는 교류가 되었어요.

완벽한 승리

테슬라는 미국 시민권자가 되었고 부자들에게 인기가 많았어요. 여자들에게도 인기가 많았어요. 키가 크고 잘생긴 얼굴에 문학이면 문학, 철학이면 철학, 모르는 것이 없고 다재다능했으니까요.

하지만 테슬라는 연애와 돈에는 관심이 없었어요. 자기만의 시간을 즐겼고 오직 새로운 발명과 연구만이 테슬라의 마음을 사로잡았어요.

그러던 중 테슬라의 어릴 적 꿈을 이루게 되는 계약

이 이루어졌어요. 많은 과학자들은 나이아가라 폭포의 수력을 전기 에너지로 변환시키는 수력 발전소를 만들고 싶어 했어요. 폭포 입구가 있는 버펄로에 사는 사람들도 원하는 일이었어요.

마침내 최초의 수력 발전 시스템으로 교류 방식이 선

택되었어요. 그리하여 버펄로의 사람들은 집집마다 전등을 사용하게 되었어요.

나이아가라 수력 발전

테슬라는 생각에 잠겼어요. 어린 시절 나이아가라 폭포에 커다란 물레방아를 만들고 싶다는 꿈을 이루게 된 거예요.

미국 의회에서는 교류를 미국 표준 시스템으로 채택하는 법안이 통과되었어요. 직류와 교류의 치열했던 전쟁은 결국 테슬라의 완벽한 승리로 끝나게 되었어요.

인공 번개를 만들다

1898년 테슬라는 무선 통신 기술을 이용한 원격 조종 보트를 발명했어요. 사람들이 믿지 못하자 뉴욕 매디슨 스퀘어가든에서 직접 시연해 보였고 일부 사람들은 테슬라가 또 마법을 부린다며 깜짝 놀랐어요.

새로운 도전

어린 시절 테슬라는 비 오는 날 번개가 내리치는 것을 보고 흥미를 느꼈어요.

"내 손으로 번개를 만들어 보고 싶어."

어른이 된 테슬라는 여행길에서 다시 한번 번개를 만들고 싶다는 강한 욕구를 느꼈어요. 만약 원하는 시간과 장소에서 번개처럼 거대한 전기 에너지를 만들 수 있다면 무한대의 동력 에너지로 비를 내려 메마르고 건조한 사막에 물을 뿌릴 수 있고, 강과 호수도 만들 수 있다는 생각이 들었어요.

테슬라의 아리송한 마법

비가 올 때 번개가 치는 것처럼 자연 질서를 이용해 전기 에너지를 발생시킬 수 있을까?

무선으로 에너지를 보내는 연구에 꼭 필요한, 한계나 제한이 없는 동력을 얻을 수 있다는 상상에 테슬라는 또다시 마법을 일으킬 준비를 했어요.

미친 과학자

뉴욕에 있는 테슬라의 연구실은 무선 통신 시스템, 즉 무선 에너지 전송을 연구하기에는 너무 비좁았어요. 테슬라는 무선 에너지 전송에만 매달리고 싶어 넓은 곳으로 연구실을 옮기기로 했어요.

새로운 연구실은 뉴욕에서 꽤 멀리 떨어진 콜로라도 스프링스 지역에 세웠어요. 그곳

콜로라도 스프링스

은 지대가 높고 소들이 한가로이 풀을 뜯어먹는 한적한 곳이었어요.

깊은 산기슭에 세워진 연구실의 크기는 세로 18m, 가로 15m 크기에 높이 24m였어요. 지붕에는 약 43m의 안테나가 세워졌고, 연구실 안에는 세상에서 가장

테슬라 코일

큰 테슬라 코일이 설치되었어요.

마을 사람들은 밤마다 계속되는 연구에 고개를 갸웃거리며 수군거렸어요.

"테슬라가 전기로 사람을 죽인다는데? 미친 과학자 아냐?"

"한 번에 100명을 죽이는 끔찍한 장비를 만들고 있다는데 사실인가 봐."

 **마법의 실마리**

테슬라는 빗속의 전기 에너지는 큰 힘을 가지지 못하지만 번개가 방아쇠와 같은 역할을 하여 강한 에너지를 만든다는 것을 알게 되었어요.

다른 지역과 다르게 콜로라도 스프링스는 잦은 번개와 천둥이 발생했어요. 테슬라는 지구를 전류가 흐르는 하나의 거대한 자석으로 보았어요. 전기 성질을 띠는 입자들이 지구 외부를 껍질처럼 덮고 있다는 사실을 알아냈지요. 그래서 한쪽에서 전파를 보내면 껍질처럼 덮인 층에 그 전파가 반사되어 멀리 전달될 수 있을 거라고 생각했어요.

이와 같은 원리를 이용하면 지구 반대편에서 곳곳으로 에너지를 보낼 수 있을지도 모른다는 생각에 테슬라는 설레었어요.

깊은 밤 콜로라도 스프링스의 테슬라 연구실에서는 이상한 현상이 일어났어요. 테슬라가 전기를 방전시키자 천둥 소리가 25킬로미터 밖까지 울려 퍼졌어요. 지름 15.6미터의 거대한 테슬라 코일은 순간적으로 1200만 볼트의 전기를 일으켰고, 높다란 안테나 끝에선 40미터에 달하는 전기 불꽃이 발생했어요. 인공 번개가 하늘을 산산조각 낼 것처럼 보였어요.

마을 사람들은 연구실에 불이 났을 거라 생각하며 모두 웅성거렸어요.

"연구실에 불이 났어!"

훗날 마을 사람들은 테슬라의 실험으로 인하여 연구실에서 한참 떨어진 곳에서도 걸을 때마다 발과 바닥 사이에 작은 불꽃이 일었다고 말했어요. 그리고 800미터나 떨어진 곳에 있던 말들은 금속으로 만든 말굽 때문에 전기 충격을 받아 겁에 질려 날뛰었다는 얘기가 들렸어요.

하루는 실험 중에 번개를 발생시켰다가 콜로라도 스프링스에 전력을 공급하는 발전기가 타 버리는 일이 발생했어요. 도시는 순식간에 어둠에 휩싸였어요. 테슬라는 자기 돈으로 발전기를 수리해 주었지요.

테슬라는 콜로라도 스프링스 연구실에서 무선 에너지 전송을 연구하며 더 큰 꿈을 꾸게 되었어요.

번개를 마음대로 만들고, 지구를 에너지원으로 쓰고자 하는 테슬라는 전기의 마법사가 틀림없어 보였어요.

마법의 해결

번개는 비구름 속에서 물방울들이 마찰할 때 생기는 전하가 계속 늘어나 대량의 전기가 되어 발생하는 현상을 말해요. 테슬라 코일은 낮은 전압을 높은 전압으로 변환하는 장치예요. 하늘에서 작은 전하가 만들어지고, 이것들이 계속 늘어나 대량의 전기가 되어 번개가 만들어지는 것과 동일한 원리를 사용한 발명품이지요.

테슬라 코일이 작동되는 동안 공기의 팽창으로 인해 아주 큰 소음이 발생하고 불꽃이 생기는데, 이렇게 불꽃과 소음이 발생하는 원리도 흐린 날 번개와 천둥이 만들어지는 원리와 같다고 볼 수 있어요. 테슬라는 테슬라 코일을 통해 약 40미터의 인공 번개를 만들어 내는 데 성공했으며 일정한 곳에 머물러 진동하는 파동인 정재파를 발견했어요. 양 끝을 고정한 활시위의 진동 따위를 말하죠.

시대를 앞서간 무선 에너지

놀라운 진동 실험

1900년 테슬라는 뉴욕으로 다시 돌아왔어요. 테슬라는 새로운 실험을 하는 것을 좋아했어요. 그중 하나가 전기의 진동을 일으키는 전기 진동기를 이용한 실험이었어요.

테슬라는 땅을 규칙적으로 계속 진동시키면 공명이 일어나 인공 지진을 일으킬 수 있다고 생각했어요. 예를 들어 다이너마이트를 터트리면 지구 반대편까지 충격파가 가는데, 하루가 지난 후 다시 터트리면 되돌아오는 충격파를 두 배로 만들 수 있다고 생각했지요. 테슬라의 머릿속에는 이런 방법을 반복하다 보면 언젠가는 지구를 조각내는 것도 가능할 것 같았어요.

테슬라의 아리송한 마법

우주의 힘이 아닌 인간의 능력으로 지구를 사과처럼 둘로 쪼갤 수 있을까?

마법의 실마리

소설가 친구인 마크 트웨인이 연구실에 놀러 온 날, 고무 받침대 위의 판대에 올라갔어요. 전기 진동기 스위치를 올리자 조용하면서도 빠르게 진동하기 시작했고, 마크 트웨인의 몸도 마구 흔들렸어요. 테슬라는 그 순간 뜻밖의 역학 진동 현상을 발견했어요.

마크 트웨인

땅속 광물의 성분에 따라 충격파의 진행 속도가 다르기 때문에 충격파의 되돌아오는 시간을 측정하면 지하의 광맥도 찾을 수 있었어요.

테슬라는 여러 가지 방법으로 시범을 보였지만 사람들은 보고도 믿지 않았어요. 그래서 보다 객관적이고 냉철한 신문 기자들 앞에서 증명해 보이기로 했지요.

기자들은 테슬라가 준비한 철판을 보고 고개를 갸우뚱거렸어요. 철판은 100톤의 무게를 견딜 수 있다는 5센티미터 두께에 길이 61센티미터, 폭 30센티미터로 그리 크지 않았어요.

테슬라는 철판의 양 끝을 고정시키고 그 위에 탁상시계 크기만 한 전기 진동기를 올리고 한참을 요리조리 조정했어요.

잠시 후 철판이 덜덜 떨리기 시작했어요. 철판과 전기 진동기의 주파수가 서로 맞아떨어졌기 때문이에요.

떨리기 시작한 철판은 점점 세지는 강도를 이기지 못하고 똑 부러지고 말았어요. 이것을 직접 눈으로 본 기자들은 아무리 큰 망치로 두들겨도 불가능할 일이 벌어졌다며 놀라워했어요.

그날 이후, 테슬라는 연구실에서 작은 전기 진동기를 작동시키기로 마음먹었어요. 집 안에 있던 철근으로 된 기둥에 전기 진동기를 부착시켜 작동시켰어요. 천천히 테슬라 주위의 사물들이 하나씩 흔들리기 시작했어요. 의자, 책상, 책장이 마구 흔들렸어요. 곧이어 선반에서 찻잔이 떨어지고 벽이 갈라졌어요. 끝내 창문마저 와장창 깨져 버렸어요. 그쯤에서 멈췄어야 했지만 테슬라는 멈추지 않았어요.

진동은 점점 벽을 타고 주위 건물까지 전해졌어요. 가까운 거리에서 일하던 인부들은 지진이 난 줄 알고 너도나도 겁에 질려 도망가느라 바빴어요.

"지진이다! 지진이 발생했어!"

사람들의 비명 소리와 함께 경찰차의 사이렌 소리가 요란하게 울렸어요. 경찰들은 테슬라의 연구실로 찾아왔어요. 뉴욕 맨해튼에서 이런 일을 벌일 사람은 테슬라밖에 없다고 생각했기 때문이었죠. 계단을 뛰어 올라오는 발자국 소리가 가까워지자 테슬라는 망치로 전기 진동기를 내려쳤어요. 경찰이 연구실 문을 열었을 때 테슬라는 웃으며 말했어요.

"안타깝게도 흥미로운 과학 실험을 놓치셨군요."

마법의 해결

지진과 같은 효과를 내기 위해서는 땅을 같은 주파수로 진동시켜야 해요. 그러기 위해서는 증기로 작동되는 진동 장치가 필요해요. 주파수의 발견으로 적의 잠수함 위치를 알아낼 수 있으며, 지하의 광맥을 찾을 수 있게 되었어요. 테슬라는 '원격 지구 역학'이라는 새로운 연구 분야의 기초를 이루었지요.

새로운 계획

전기의 마법사 테슬라의 다음 계획은 자신이 진정으로 꿈꾸는 미래이기도 했어요.

테슬라는 사업해서 돈을 벌기보다는 이상을 실현하는 데 가치를 두는 사람이었어요. 테슬라의 꿈은 자신의 연구와 발명의 혜택이 모든 사람에게 골고루 돌아가는 것이었어요. 부자의 횡포에 가난한 사람들이 힘들어하지 않고 지식, 과학, 예술의 결과물이 모두의 삶을 아름답게 하는 세상을 만들고 싶었어요.

테슬라의 아리송한 마법

모든 사람이 돈을 내지 않고 에너지를 이용할 수 없을까?

테슬라는 지구 자체가 이미 무한한 전기를 가지고 있다고 믿었어요. 그래서 수도관을 연결하여 물을 쓰듯이 전기를 뽑아서 쓸 수 있도록 만들면 누구나 공짜로 전기를 사용할 수 있다고 생각했죠.

테슬라는 누구나 언제, 어디서든 자유롭게 쓸 수 있는 전기 에너지를 만들고 싶었어요. 아무리 멀리 있는 섬에 사는 사람이라도, 작은 집에 사는 사람이라도 안테나만 있으면 돈을 내지 않고 전기를 마음껏 사용할 수 있고, 지구에 전혀 해롭지 않게 쓰도록 하고 싶었어요.

그런 꿈을 실현하기 위해서는 곳곳으로 에너지를 보낼 수 있는 커다란 탑이 필요했어요. 테슬라가 원하는 탑을 만들기 위해서는 많은 돈을 투자할 투자자가 필요했어요. 때마침 테슬라가 쓴 「증가하는 인간의 에너지 문제」라는 기사를 본 미국의 투자가 J.P. 모건이 관심을 가졌어요.

테슬라는 모건에게 무선 시스템을 통해 뉴스, 경제, 음악 등의 방송을 전 세계에 중계할 수 있다는 설명과 함께 투자를 제안했어요. 흥미를 느낀 모건은 15만 달러를 무선 전신 타워를 건설하는 데 투자했어요.

그리고 변호사이자 은행가였던 제임스 워든이 땅을 빌려주었어요. 테슬라의 건축가 친구는 연구실 건물을 설계해 주었고, 테슬라와 웨스팅하우스 기술자들이 협력하여 장비를 설계했어요.

마법의 실마리

지구 표면이 한 극이 되고 지상 40~400킬로미터 정도에 형성된 기류층이 또 다른 한 극이 되면 무선으로 통신하고 에너지를 보낼 수도 있다고 생각했어요.

무선 전신 타워의 이름은 땅 주인인 워든의 이름을 가져와서 워든클리프 타워라고 지었어요. 테슬라의 이름을 따 테슬라 타워라고 불리기도 했지요.

마침내 뉴욕의 롱아일랜드에 지상 높이 57미터, 지

하 깊이 37미터의 탑에 지름 21미터, 무게가 55톤이나 되는 버섯 모양 금속관을 씌운 워든클리프 타워를 짓

신문에 게재된 테슬라 타워의 개요, 1904

기 시작했어요. 하지만 예상치 못한 사건이 터졌어요.

무너진 탑

뜻밖의 소식은 마르코니가 무선 통신에 성공했다는 것이었어요. 알파벳 'S'를 유럽의 콘월에서 대서양을 가로질러 캐나다의 뉴펀들랜드까지 송신했다는 기막힌 소식이었지요. 결과적으로 마르코니가 테슬라보다 먼저 무선 통신에 성공하게 된 셈이었어요. 테슬라에게 투자한 투자가들이 좋아할 일은 아니었지요.

테슬라는 7년 전 이미 무선 통신에 대한 특허를 받았

고 마르코니가 만든 무선 통신 장비는 단순한 단회선 송신기일 뿐이었어요.

테슬라는 그런 부분을 설명했지만 투자가들은 듣지 않았어요. 투자가들과 모건은 테슬라에게 등을 돌렸어요. 테슬라에게 머물러 있던 관심은 마르코니에게로 순식간에 옮겨 가 버렸어요.

"모든 것을 나눠 주겠다고? 말도 안 되는 소리!"

특히 모건은 테슬라가 무선 기술을 이용해 전기 에너지를 모든 사람들과 나누려는 것을 알고 화가 났어요. 당연한 일이었어요. 공짜로 나눈다는 것은 사업가인 모건에게 이윤이 남지 않는 일이었기 때문이에요.

그렇다고 테슬라는 그만둘 수 없었어요. 사람들의 관심을 끌어모으기 위해 탑에서 인공 번개가 번쩍거리는 모습을 보여 주었어요. 마을 사람들은 탑에서 뿜어져 나오는 강렬한 인공 번개를 보고 모두 놀라워했어요.

하지만 투자가들의 마음을 돌릴 수는 없었어요.

결국 1906년 워든클리프 타워 공사는 중단되었고 그에 따른 경제적 압박에 테슬라는 힘들었어요. 테슬라의 꿈을 제대로 이해해 주는 사람은 아무도 없었어요.

테슬라는 가진 재산과 노력을 모두 워든클리프 타워와 무선 통신 실험에 쓴 터라 심각한 빚에 시달렸어요. 탑을 완성하고 싶었지만 그럴 만한 돈이 없었어요.

탑에 있던 설비는 팔려 나갔어요. 그리고 워든클리프 타워는 1917년 폭파되고 말았어요.

💡 마법의 해결

테슬라는 지구 자체가 이미 엄청난 전기 에너지를 갖고 있기 때문에 뽑아 쓰는 장치만 만들면 전기를 무제한 사용할 수 있다고 생각했어요. 그래서 지하 100m 가까이 철심을 박고 테슬라 코일 방식으로 에너지를 증폭시킬 수 있는 워든클리프 타워를 설계했지만 실패로 끝나 버렸지요.

테슬라는 힘든 하루하루를 보냈어요. 그런 반면 마르코니는 1909년 노벨 물리학상을 받게 되었어요.

마르코니는 무선 통신의 영웅이 되어 사람들 사이에서 유명해졌어요. 라디오 시스템을 상용화해 큰 돈까지 벌었어요. 그러나 테슬라는 마르코니보다 먼저 무선 통신 라디오의 원리를 특허 낸 일이 있었어요. 테슬라는 마르코니와 있었던 일들을 떠올렸어요. 마르코니는 테슬라 밑에서 지도를 받으며 함께 공부한 학생이었어요. 그 당시 테슬라는 무선 통신에 대해 고민하고 있었어요.

💡 테슬라의 아리송한 마법

선이나 어떤 물체를 통하지 않고 신호를 보낼 방법은 없을까?

테슬라는 공명 즉, 물체의 자연 진동수와 같은 진동수를 가진 힘이 외부에서 가해질 때 물체의 진동이 점점 커지는 현상을 통해 멀리까지 신호를 보낼 수 있을 거라는 생각에 이르렀어요.

마법의 해결

테슬라는 테슬라 코일을 이용한 실험을 하다가 두 코일(수신기와 송신기)이 비슷한 주파수에서 공명하도록 조정하면 전파 신호를 보내고 받을 수 있다는 사실을 발견했어요. 1893년 2월과 3월에 플랭클린 연구소, 국립 전등 협회에서 무선 통신에 대한 시범을 보였어요. 그것은 역사상 최초의 무선 통신에 대한 실험으로 평가되고 있어요. 또한 「빛과 다른 고주파 현상에 관하여」라는 논문을 통해 전선을 사용하지 않고 에너지를 전송하는 방법에 대해 쓰기도 했어요. 1895년 무선 통신 기술을 전송할 단계에 이르렀지만 연구실에 화재가 발생해 무산되고 말았어요.

발명은 멈추지 않는다

나는 나를 믿어

1915년 테슬라는 마르코니를 상대로 특허권 소송을 진행했어요. 소송을 진행하고 있는 사이, 테슬라와 에디슨이 함께 노벨 물리학상을 받게 될 거라는 언론 보도가 나왔어요. 하지만 테슬라는 인상을 썼어요.

"에디슨과 상을 같이 받느니 차라리 받지 않겠어."

에디슨도 마찬가지였어요.

"감히 테슬라 따위가 나랑 같이 상을 받다니! 나도 받

지 않겠어."

테슬라도 에디슨도 수상을 거부했고 보도가 잘못되었다고 밝혀졌어요. 에디슨과 테슬라는 끊어지지 않는 끈처럼 끈질지게 이어져 있었어요.

힘든 시기를 보내던 테슬라는 어릴 적 만들었던 날개 없는 물레방아를 떠올렸어요. 그리고 자신의 발명이 끝나지 않았음을 알게 되었지요. 테슬라는 날개가 없는 '테슬라 터빈'을 설계해 1906년 특허를 받았어요.

물이나 가스, 증기 등이 가진 에너지를 기계적인 에너지로 바꾸어 주는 장치를 터빈이라고 해요. 테슬라 터빈은 소음이 적고 무게가 가벼워 효율성이 높았어요. 연료가 적게 들고 속력은 더 빨랐지요. 게다가 가솔린을 연료로 하는 자동차, 비행기, 배, 기차 등에 모두 사용할 수 있었어요.

테슬라가 포기하지 않고 스스로를 믿으며 연구와 발

명을 계속해 나갔기에 가능한 일이었어요.

  1917년 테슬라는 미국 전기 공학회에서 수여하는 최고의 명예인 에디슨 메달 수상자로 결정되었어요. 테슬라는 여러 번 거절했지만 결국 받아들이고 메달을 수여하며 에디슨에게 감사의 말을 전했어요. 테슬라와 에디슨의 질긴 악연도 끝났지요.

진정한 전기의 마법사

  테슬라는 평생을 결혼하지 않고 연구와 발명에만 정성을 쏟았어요. 퐁퐁 솟아나는 옹달샘처럼 테슬라의 머릿속엔 기발한 생각들이 솟아났어요. 발명에 대한 테슬라의 열정은 쉽게 꺼지지 않았어요. 죽는 날까지 새로운 연구에 몰두했어요. 그리하여 25개국에서 270개가 넘는 특허를 받았지요. 수많은 발명을 했음에도 테슬라는 돈과 명예에는 관심이 없었어요.

테슬라의 꿈은 가장 완벽하고 평화로운 지구를 만드는 것이었어요. 평화주의자인 테슬라는 모든 사람들이 굶주리지 않고 고통에서 벗어나기를 바랐어요. 누구나 충분한 에너지를 공급받고 세계 곳곳에 통신이 가능하도록 만들고 싶었어요. 다른 행성에 있을지도 모를 생명체와도 소통하길 원했어요. 그것이 바로 테슬라가 꿈꾸는 지구였어요.

테슬라는 1943년 1월 7일 뉴요커 호텔 33층에 있는 3327호실에서 홀로 숨진 채로 발견되었어요. 테슬라는 평생 독신으로 살았지만 세상을 떠나는 길은 외롭지 않았어요. 영부인 엘리너 루스벨트와 부통령 헨리 윌리스를 비롯한 많은 인사들이 슬픈 마음을 보내왔고, 세인트 존스 대성당에서 열린 장례식에는 2000명이 넘는 사람이 몰렸어요. 많은 사람들이 테슬라의 죽음을 슬퍼했어요.

마르코니가 사망한 지 6년, 테슬라가 사망한 지 6개월이 지난 1943년 6월에 미국 대법원은 테슬라의 전파 특허를 인정하며 테슬라의 손을 들어 주었어요. 하지만 라디오의 상용화에 성공한 마르코니의 업적이 사람들에게 더 많이 알려져 있지요.

테슬라의 시신은 뉴욕에서 화장되어 생전에 좋아했던 황금빛 공 모양의 용기에 담겨 고향인 베오그라드의 테슬라 박물관에 보관되고 있어요. 세르비아는 수도 베오그라드의 국제공항을 '니콜라 테슬라 국제공항'으로 부르며 기리고 있지요. 시대를 앞서간 전기의 마법사 테슬라는 영원히 사람들의 기억 속에 살아 숨쉬게 되었어요.

니콜라 테슬라의 생애

1856년	7월 10일, 크로아티아 스밀리안에서 태어났어요.
1875년	오스트리아 그라츠 공과 대학에 입학했어요.
1879년	정교회 신부였던 아버지가 사망했어요.
1881년	헝가리 부다페스트에 위치한 전신국에서 일을 시작했어요.
1882년	교류의 기본 원리를 터득했어요.
1883년	교류 유도 전동기를 발명했어요.
1884년	에디슨과 처음 만났어요.
1888년	교류 배전 체계를 완성했어요.
1889년	교류 발전기, 교류 송전 체계를 완성했어요.
1891년	테슬라 코일을 발명했어요. 미국 국적을 얻었어요.
1893년	무선 통신 라디오 원리에 대한 특허를 냈어요.
	에디슨과 치열한 전류 전쟁이 벌어졌어요.

1895년	빌헬름 뢴트겐이 엑스레이를 발견한 것보다 먼저 엑스레이를 발견했어요. 뢴트겐의 업적을 존중해 자신의 업적을 내세우지 않았어요.
1896년	나이아가라 폭포에 수력 발전소가 완공되었어요.
1898년	기계 장치에 신호를 보내어 자유롭게 조종할 수 있는 무선 원격 조종 기술을 발견했어요.
1899년	콜로라도 스프링스에 연구실을 지었어요.
1900년	워든클리프 타워를 짓기 시작했어요.
1906년	테슬라 터빈을 설계해 특허를 받았어요.
1917년	에디슨 메달을 받았어요.
1928년	수직 이착륙기를 고안했어요.
1943년	1월 7일, 세상을 떠났어요. 6월, 무선 통신에 관한 마르코니와의 소송에서 이겼어요.